Dedicado a mis hijos que son mi fortaleza
Fabiola, Octavio y Fátima

a mi nieto Camilo

a mis padres
Eduardo y Blanca

a los no nacidos y
a Jesús nuestro Padre y a
María nuestra Madre

México

Potencia Cognitiva
y Voluntad Tecnológica

Venta al Futuro Cognitivo

Autor: Octavio Fernández

Tabla de contenidos

Introducción Cognoscente

Este libro busca abrir una reflexión consciente sobre el fenómeno de los procesos cognitivos en el desarrollo tecnológico de México. Explora e indaga su esencia mediante el estudio y análisis de factores, elementos, argumentos, contradicciones y conceptos analíticos para dibujar la sustancia del estado que guarda nuestro país en este complejo tema. Nos induce a meditar y razonar sobre por qué existe el continuo desarrollo del conocimiento humano, consecuencia de la voluntad y fuerza del espíritu del hombre, factor de cambio que genera el impulso de la ciencia y la tecnología a través del tiempo. Este fenómeno antropológico, ha conformado la esencia y la sustancia para la conformación estructural fundamental del continuo desarrollo de la ciencia y la tecnología en nuestra sociedad desde la creación. Es, por sí mismo, el reflejo de las capacidades cognitivas del hombre en su aplicación de bienestar en su vida diaria. Sin este proceso, difícilmente la humanidad podría celebrar las capacidades actuales de la tecnología que tenemos. No se puede imaginar el estado de desarrollo tecnológico actual sin la presencia de la voluntad y potencia cognitiva del hombre expresada en la ciencia y la tecnología.

Antecedentes Tecnológicos

Sobrevista

En el contexto del vertiginoso progreso tecnológico global, el nivel de desarrollo tecnológico alcanzado por un país, un sector, un grupo de personas o un individuo se convierte en un referente clave para evaluar su grado de competitividad y, por consiguiente, su bienestar social. Este indicador de grado tecnológico se erige como el elemento principal y fundamental para el progreso humano. Es un factor principal que define y determina directamente todos los estados y sus comportamientos en todos los ecosistemas sociales. Por consecuencia, a diferentes grados de tecnología, habrá distintos niveles de estados productivos, económicos y sociales. Si un país posee un bajo grado de desarrollo tecnológico, entonces será un país limitado en todos sus aspectos.

El desarrollo tecnológico es el resultado directo del impulso a la voluntad y la potencia cognitiva del hombre. Constituye una clara evidencia de la existencia de modelos de desarrollo cognitivo que determinan el grado tecnológico y el nivel de competitividad. Esto establece que cuanto mayor sea el impulso cognitivo, mayor será el grado de competitividad y el bienestar social.

El desarrollo tecnológico depende directamente del nivel cognitivo del hombre. Por lo tanto, si se trata de un país, un sector, un grupo de personas o un individuo que fomente y promueva el desarrollo cognitivo, generarán un mayor grado de desarrollo tecnológico y, por ende, un mayor nivel de competitividad y bienestar social.

La tecnología es, por lo tanto, consecuencia del espíritu del hombre a través de la voluntad y la potencia cognitiva generada a través del tiempo.

Estado Actual de la Tecnología

Es difícil determinar el estado actual de la tecnología debido a su capacidad de movimiento e innovación permanente. Se puede detener y analizar en un tiempo determinado el estado actual, sin embargo, debido al constante cambio que sufre es necesario evaluar su desarrollo constantemente. Hoy puede sorprendernos una nueva tecnología implementada y mañana nos volvería a sorprender otra nueva.

Hoy en día, el mundo experimenta una transformación tecnológica sin precedentes que redefine la forma en que las personas actúan, trabajan, se relacionan y viven su vida diaria. Es un elemento de cambio en todos los sectores de la sociedad. Su gradiente de cambio es cada vez mayor y tiende a ser exponencial, por lo que la adaptación a la sociedad a veces no llega a ser tan rápida como se espera.

Es evidente que el desarrollo tecnológico se ha acelerado en los últimos años en áreas como la digitalización, la comunicación, la virtualización, los algoritmos, los programas de software, los procesadores, las tecnologías de circuitos electrónicos, los equipos de cómputo de alto desempeño, los robots, la automatización industrial, la biotecnología, la biomedicina, la nanotecnología, la energía renovable, los autos autónomos y eléctricos, la inteligencia artificial, entre otros elementos clave y fundamentales del desarrollo tecnológico.

Así observamos que la conectividad global ha eliminado las fronteras, permitiendo una interconexión instantánea y transformando la sociedad en una aldea cultural global y digitalizada. Las empresas cada vez buscan con mayor ahínco automatizar sus procesos productivos con robots para reducir fallos en la calidad de los productos y aumentar la eficiencia productiva con mayores utilidades marginales. Además, también buscan satisfacer los requerimientos del cliente de manera más rápida y eficiente en la distribución, adaptándose a las necesidades y requerimientos personales.

En el ámbito ambiental, la tecnología ha dejado su huella digital en contra de la huella de carbono a través de la implementación de nuevos procesos tecnológicos para la captación de dióxido de carbono.

El auto eléctrico y autónomo está transformando la movilidad y el transporte en la sociedad de forma dinámica.

Otro elemento que de manera contundente ha despertado es la tecnología de la inteligencia artificial. Esta herramienta posee la capacidad de llevar a cabo procesos cognitivos humanos mediante la enseñanza y el aprendizaje en máquinas de alto rendimiento con algoritmos complejos. Estas máquinas son capaces de realizar procesos rutinarios en un tiempo reducido y tomar decisiones optimizadas al procesar millones de datos. Este avance transformará la manera en que las herramientas tecnológicas interactúan con el pensamiento humano. Esto está transformando la forma en que pensamos y nos relacionamos con las herramientas tecnológicas en el ámbito humano.

Las regulaciones y los desafíos éticos son temas críticos que la tecnología ha estado generando y que la misma tecnología tendrá que abordar y resolver.

En resumen, ayer estábamos sorprendidos por las redes sociales; hoy podemos hablar de los primeros autos inteligentes autónomos que están cambiando la movilidad. Sin embargo, mañana surgirá un nuevo producto tecnológico que volverá a sorprender a la sociedad. Por lo cual es evidente que vivimos inmersos en un constante movimiento de nuevas tecnologías, resultado de la voluntad y la potencia cognitiva intrínseca del espíritu humano orientado siempre hacia el bienestar social.

Métodos de Evaluación Tecnológica

Para comprender el nivel y grado de desarrollo tecnológico, es necesario establecer indicadores de desempeño que ayuden a evaluar numéricamente la calificación que pueda tener un país, un sector, un grupo o un individuo en relación con el desarrollo tecnológico. Estos indicadores de desempeño, que deben ser precisos y transparentes, ofrecen la capacidad de determinar no solo el nivel de desarrollo tecnológico, sino también la valoración de los tipos de modelos, la determinación de objetivos y metas, los alcances, los métodos y los procesos diseñados e implementados, las herramientas y estructuras de apoyo, las capacidades laborales, los niveles de conocimiento, los soportes financieros y otros indicadores de desempeño que respalden la valoración no solo del nivel y grado de tecnología, sino también la capacidad y calificación del sistema cognitivo.

Dentro de este esquema de evaluación bajo indicadores de desempeño, la comunidad internacional ha desarrollado diferentes formatos de evaluación para los indicadores de desarrollo tecnológico. Algunos de estos sistemas de evaluación, comprenden indicadores muy generales como son: el producto interno bruto, el producto interno per cápita, niveles de inversión de educación, infraestructura tecnológica, inversiones, y otros elementos de evaluación que competen a la estructura general de un país.

Sin embargo, desde nuestro punto de vista y nuestra experiencia durante muchos años en estos temas, se ha implementado un sistema más preciso de evaluación, no solo para el sistema de evaluación tecnológica, sino también para la evaluación de la voluntad y la potencia cognitiva de un sistema. Esta evaluación más profunda del nivel cognitivo ayuda a identificar las voluntades y potenciales cognitivos de un país, sector, grupos o individuos de manera más precisa y congruente con el objetivo de reconocer el conocimiento y la sabiduría en el desarrollo de la ciencia y la tecnología.

Por lo cual, esta evaluación cognitiva desarrollada por Admexus, no solo tipifica a individuos integrados en sistemas con infraestructuras técnicamente y económicamente robustas, sino que también identifica a aquellos que no están integrados dentro de estos sistemas. Es por lo tanto, un sistema de evaluación que busca y brinda la oportunidad de valorar el nivel cognitivo de una persona o personas que no están ubicadas en estas estructuras fuertes, sino que ofrece la identificación y la transparencia para localizar y evaluar a personas que pueden estar ubicadas en regiones económicamente limitadas o no conocidas, creando así las posibilidades de reconocerlas y no segregarlas, sabiendo que poseen un nivel cognitivo más alto que cualquier otro individuo de una región vigorosamente respaldada. Es, por lo tanto, la forma de democratización, integración y contribución fundamental del conocimiento de cualquier persona, en la participación al desarrollo tecnológico y cognitivo a nivel mundial.

Evaluación Tecnológica de México

Existen una gran cantidad de sistemas de evaluación para calificar el grado del desarrollo tecnológico. Para fines de este libro solo 3 sistemas de evaluaciones serán consideradas. La primera corresponde a la evaluación del Banco Mundial (The World Bank). La segunda proviene de la OCDE, Organización para la Cooperación y el Desarrollo Económicos (The Organisation for Economic Co-operation and Development). La tercera evaluación proviene de Admexus.

Evaluación Método del Banco Mundial

Los datos

De acuerdo con el Índice Mundial de Innovación 2022, México ocupa el lugar 57 en innovación a nivel mundial. Este índice analiza el rendimiento del ecosistema de innovación de 132 economías y estudia las tendencias más recientes de la innovación a nivel mundial. México se encuentra debajo de Serbia, que ocupa el lugar 56, y arriba de Costa Rica, que está en el lugar 58, y Brasil que está en el 59. En 2020, México ocupó el sitio (55 de 131) y en 2018 ocupó el lugar 56 de 126.

El modelo de evaluación Banco Mundial

El banco Mundial establece 10 indicadores principales para su evaluación.

1) Exportaciones de alta tecnología (% de las exportaciones de manufacturas)
2) Exportaciones de alta tecnología (US$ a precios actuales)
3) Técnicos en I&D (por millón de personas)
4) Investigadores en I&D (por millón de personas)
5) Solicitudes de patentes, residentes
6) Solicitudes de patentes, no residentes
7) Artículos de revistas científicas y técnicas
8) Gastos de investigación y desarrollo (% del PIB)
9) Cargos por el uso de la propiedad intelectual, recibos (balanza de pagos, US$ a precios actuales)
10) Cargos por el uso de la propiedad intelectual, pagos (balanza de pagos, US$ a precios actuales)

Evaluación Método de la OCDE

Los datos

Según los informes de la Organización para la Cooperación y el Desarrollo Económicos (OCDE), México ocupa el último lugar en ciencia y tecnología entre los países miembros. México destina solo entre el 0.39 y 0.4 por ciento de su Producto Interno Bruto (PIB) a la ciencia y tecnología, lo cual es insuficiente. En términos de capacidad de "inventiva", México ha registrado el nivel más bajo de patentes de desarrollo científico entre los países de la OCDE en los últimos años.

El modelo de evaluación OCDE

La OCDE establece 7 indicadores principales para su evaluación.
1) Exportaciones de tecnología (% de las exportaciones del PIB)
2) Exportaciones de alta tecnología (US$ a precios actuales)
3) Técnicos en I&D (por millón de personas)
4) Investigadores en I&D (por millón de personas)
5) Solicitudes de patentes
6) Artículos de revistas científicas y técnicas

7) Gastos de investigación y desarrollo (% del PIB)

Evaluación Método Admexus

De acuerdo con la valoración del índice de desarrollo tecnológico en relación con el nivel cognitivo, México ocupa el puesto 70 de los 100 países evaluados. En cuanto a los indicadores de creatividad, capacidad de aprendizaje y comprensión, habilidades para la solución de problemas, adaptabilidad y flexibilidad, así como la adopción de nuevas tecnologías, México se encuentra en la tercera posición. Sin embargo, en lo que respecta al trabajo en equipo, transferencia de conocimientos, niveles de conocimiento matemático, centros educativos de investigación y desarrollo, políticas gubernamentales, incentivos y apoyos a la investigación y desarrollo, México ocupa la última posición.

Este análisis revela que la capacidad cognitiva de voluntad y potencia de los mexicanos es bastante elevada; no obstante, los procesos de apoyo para la transferencia de conocimiento y el desarrollo educativo del mismo son notablemente limitados. Esto sugiere que, a pesar de una estructura débil en términos de enseñanza matemática y aprendizaje para el desarrollo científico y de investigación, México solamente mantiene su competitividad en lo que respecta al nivel cognitivo de forma individual.

El modelo de evaluación Admexus

La evaluación de Admexus establece 70 indicadores de desempeño tales como:
1. Nivel de creatividad e ingenio
2. Capacidad de aprendizaje y entendimiento
3. Capacidad en solución de problemas

4. Conocimiento matemático y razonamiento
5. Colaboración en equipo en proyectos
6. Capacidad de aprendizaje en nuevas tecnologías
7. Nivel de conocimiento tecnológico por transferencia
8. Grado de transferencia cognitiva a nuevas generaciones
9. Políticas gubernamentales en nuevas tecnologías
10. Políticas gubernamentales en inversión privada tecnológicas
11. Políticas educativas en tecnología cognitiva
12. Políticas educativas para instituciones privadas
13. Estratégicas para el desarrollo e innovación
14. Instituciones educativas para la tecnología
15. Nivel de conocimiento cognitivo del educador
16. ...

Opiniones Internacionales

La situación de la innovación tecnológica en México es compleja y difícil de comprender, pero está claramente influenciada por diversos factores, según los especialistas internacionales. Algunas de estas opiniones se refieren a los problemas que enfrenta el país, los cuales incluyen:

- Inversión Insuficiente en Investigación y Desarrollo (I+D): México históricamente ha destinado un porcentaje bajo de su PIB a actividades de investigación y desarrollo. La inversión insuficiente limita la capacidad de generar nuevas tecnologías y de mantenerse competitivo en sectores de vanguardia.

- Educación y Formación: La calidad de la educación en ciencia, tecnología, ingeniería y matemáticas (STEM) en México es un desafío. La falta de profesionales altamente calificados en estas áreas afecta la capacidad del país para liderar en innovación.

- Baja Colaboración entre Academia, Centros de Investigación e Industria: La conexión entre las instituciones académicas, centros de investigación y la industria es crucial para la innovación. México enfrenta retos en la colaboración efectiva entre estas entidades, lo que puede afectar la transferencia de conocimientos y tecnologías.

- Burocracia y Trámites: Los procesos burocráticos y la carga regulatoria pueden ser obstáculos para la implementación rápida de nuevas tecnologías. La simplificación de trámites y procesos son un detonante para estimular la innovación.

- Falta de Cultura Emprendedora: El fomento de la cultura emprendedora – no la de autoempleo- y la creación de empresas innovadoras son fundamentales. México necesita promover un entorno favorable para que los emprendedores desarrollen ideas y tecnologías disruptivas.

- Protección de la Propiedad Intelectual: La protección insuficiente de la propiedad intelectual puede disuadir la inversión en investigación y desarrollo. Mejorar los marcos legales y su aplicación podría incentivar la innovación.

- Dependencia de Tecnología Extranjera: México a menudo depende de tecnologías extranjeras en lugar de generar soluciones propias. Fomentar la investigación local y el desarrollo de tecnologías autóctonas puede aumentar la independencia tecnológica.

- Falta de Financiamiento: El acceso limitado a financiamiento para proyectos de innovación puede ser un obstáculo importante. Establecer mecanismos efectivos para financiar iniciativas innovadoras es esencial.

- Problemas de Infraestructura: Desafíos en la infraestructura, como la conectividad limitada en algunas regiones, pueden dificultar la adopción de tecnologías avanzadas.

- Cambio Cultural: Es necesario fomentar un cambio cultural que valore y promueva la innovación como motor de desarrollo económico y social.

Es fundamental, por lo tanto, abordar estos desafíos mediante medidas integrales y efectivas en cada área identificada. Esto es una corresponsabilidad nuestra y de nadie más.

Reflexión Tecnología de México

Es evidente que en todas las evaluaciones sobre el nivel de desarrollo tecnológico y grado cognitivo en México se sitúan por debajo del promedio mundial. Esto no es nada halagador. Lo que significa que cada vez que haya un incremento en el desarrollo tecnológico a nivel global, México quedará rezagado cada vez más y sin oportunidades de crecer en su bienestar social. Por lo cual, si no se impulsa el conocimiento y el nivel cognitivo a una competencia mundial en futuro es incierto.

Desde el punto de vista individual, la voluntad y la potencia cognitiva del mexicano tienen un valor muy alto. Esta característica es altamente apreciada a nivel mundial; sin embargo, en nuestro país, esta capacidad suele ser subestimada, es decir, nos enfocamos en aspectos que carecen de trascendencia cognitiva. Una responsabilidad directa de este efecto recae en el gremio del conocimiento tecnológico, y especialmente en nosotros, los ingenieros. Para romper este círculo vicioso, es necesario cambiar los objetivos actuales por objetivos de desarrollo tecnológico y espiritual cognitivo, ya que, como se ha mencionado, la tecnología es el referente de la innovación y el bienestar social, económico y productivo de un país. Dejar de lado este principio de desarrollo cognitivo impactará directamente en la situación productiva, financiera, política y social de nuestra patria. La tarea, por lo tanto, es impulsar esta esencia cognitiva del mexicano de manera más puntual y rápida, y eso es responsabilidad de todos.

Historia de la Tecnología en México

La historia del desarrollo de la tecnología en México presenta una serie de eventos y sucesos relacionados con el proceso de innovación, adaptación y transformación tecnológica a lo largo del tiempo. Este recorrido histórico y análisis retrospectivo busca desentrañar los antecedentes y coyunturas tecnológicas de México, explorando desde las más sofisticadas tecnologías prehispánicas hasta la era digital contemporánea. Esta introspección es esencial para comprender cómo las fuerzas históricas, culturales y económicas han entrelazado sus hilos en el tejido evolutivo de la tecnología y la esencia cognitiva de los mexicanos y de nuestro país. Pero lo más importante es sentar las bases para poder crear la sustancia propia del desarrollo tecnológico en nuestra esencia mexicana a corto, mediano y largo plazo, con continuidad inquebrantable.

Etapas Históricas Tecnológicas

Las etapas históricas del desarrollo tecnológico en México comprenden los siguientes siete episodios: el periodo ancestral y prehispánico, la influencia colonial, la revolución industrial, la revolución mexicana, la industrialización en serie, el período computacional y robótica y, la era de la digital, virtualización y globalización industrial.

Tecnología Prehispánica:

La historia tecnológica de México no se inicia con la llegada de los colonizadores europeos, sino que encuentra sus raíces en las civilizaciones prehispánicas. Las sociedades aztecas y mayas, entre otras, demostraron un dominio sorprendente en la ingeniería, la arquitectura y la astronomía. Este periodo no solo marcó logros notables en términos de construcción de complejas pirámides y sistemas de irrigación, sino también en el desarrollo de avanzados conocimientos matemáticos y astronómicos.

El Impacto de la Conquista y la Colonia:

Con la llegada de los conquistadores españoles, México se vio inmerso en un tumulto de cambio tecnológico y cultural. La minería y la agricultura experimentaron transformaciones drásticas, mientras que la introducción de la imprenta y nuevas técnicas de construcción dejaron una huella duradera en la sociedad mexicana. Las escuelas y la imprenta facilitaron la difusión del conocimiento europeo en México.

Siglo XIX: La Revolución Industrial y la Era Porfiriana

El siglo XIX trajo consigo la Revolución Industrial, un fenómeno que no pasó desapercibido en México. Durante la era Porfiriana, se implementaron innovaciones como la expansión ferroviaria y las telecomunicaciones, conectando regiones distantes y transformando la infraestructura nacional. Se instauraron escuelas para mejorar la transferencia del conocimiento en el país, se impulsó la construcción de hospitales y centros de salud utilizando tecnologías de la época y se enfocó en la tecnificación agrícola para mejorar la producción alimentaria.

La Revolución Mexicana:

La Revolución Mexicana no solo fue un conflicto armado, sino también un periodo de cambios radicales. A pesar de las tensiones y la violencia, surgieron avances en la educación y la salud, sentando las bases para desarrollos tecnológicos futuros. La creación de instituciones educativas y la expansión de los servicios de salud contribuyeron a la mejora de la infraestructura y al desarrollo técnico de la sociedad.

La Industrialización en Serie

A mediados del siglo XX, México experimentó un proceso de industrialización en serie. La electrificación y la automatización se volvieron fundamentales en sectores como la manufactura. La producción en serie y la incorporación de tecnologías avanzadas influyeron en la economía y en la forma en que se realizaban las actividades productivas. El requerimiento y capacitación del conocimiento técnico empezó a fomentarse cada vez más para poder soportar estos cambios tecnológicos.

El Período Computacional y Robótica:

A finales del siglo XX, el mundo ingresó a la era computacional. En México, este periodo se caracterizó por la adopción de tecnologías de la información y la comunicación. Se incrementó el uso de computadoras, y surgieron avances en la robótica industrial. Este episodio transformó la forma en que se llevaban a cabo procesos productivos y la gestión de la información. Sin embargo, el desarrollo de nuevas tecnologías y el impulso al conocimiento en el país eran limitados o casi nulos. Las escuelas, universidades y los centros de divulgación tecnológica representaban transferencias de conocimientos de una década atrás, pero de alguna manera satisfacían el proceso educativo al nivel de la exigencia.

La Era Digital, Virtualización y Globalización Industrial

En el siglo XXI, México se sumerge plenamente en la era digital y la globalización industrial, en relación directa con las políticas de mercado abierto y tratados de libre comercio. Por esta situación, la expansión de los sistemas tecnológicos, la conectividad a redes de internet, la adopción masiva de dispositivos inteligentes, el uso de equipos físicos de alto rendimiento de computación, la automatización de procesos industriales, la virtualización, las redes sociales y la aplicación de la inteligencia artificial, entre otras tecnologías, las cuales vienen del exterior, han generado a nivel mundial una profunda reconfiguración en los procesos productivos, la economía y la sociedad; impactando significativamente también a nuestro país.

En la actualidad, el desarrollo tecnológico a nivel mundial constituye una competencia que genera un acelerado y veloz progreso, impulsando el fenómeno de transferencia cognitiva. Esto facilita la eficiente incorporación, implementación y transformación de nuevas tecnologías provenientes de otras regiones, especialmente de países líderes en innovación y desarrollo tecnológico. Estas prácticas han permitido una integración más estrecha de México en la economía global, con notables consecuencias positivas en el desarrollo de los procesos productivos y tecnológicos del país. Como resultado, ha surgido un modelo de transmisión del conocimiento tecnológico a través de canales específicos como enseñanza, capacitación, entrenamientos y cursos, entre otras prácticas educativas. Sin embargo, estas acciones, aunque pueden satisfacer las demandas del mercado de manera suficiente, no cumplen con los verdaderos objetivos y requisitos competitivos para el desarrollo del conocimiento tecnológico mexicano; más bien, lo inhiben.

No obstante, a pesar de este hecho, el reconocimiento internacional por la creatividad y el potencial del conocimiento de los mexicanos es considerado valioso. Sin embargo, esta capacidad comprobada se ve limitada por la falta de estrategias que impulsen la propia innovación tecnológica en nuestro país. Este desafortunado fenómeno contrasta, una vez más, con la reconocida excelencia individual y colectiva a nivel global del ingenio mexicano fuera del país. Este efecto de balance negativo por la falta de estrategias contrasta con la voluntad y potencia propia del mexicano, tema del capítulo referido a "La antropología mexicana cognitiva".

Hoy por hoy, en este entorno internacional que demanda capital humano de alto nivel tecnológicamente cognitivo, es evidente la necesidad inmediata de superar estos obstáculos, que representan un desafío esencial para desencadenar el desarrollo tecnológico y el potencial cognitivo pleno y sostenible mexicano.

Reflexión sobre la Historia de la Tecnológica en México

Las etapas históricas de la tecnología en México es un recorrido que destaca la capacidad del país para adaptarse y evolucionar a lo largo del tiempo. Desde las influencias de las culturas prehispánicas hasta la Revolución Industrial y la era de la digitalización, México ha experimentado cambios significativos impulsados por la tecnología.

A lo largo de los siglos, la tecnología ha sido un factor clave en el crecimiento económico y el progreso social del país. La llegada de nuevas tecnologías, como el ferrocarril en el siglo XIX y la digitalización en tiempos más recientes, ha transformado la forma en que la sociedad mexicana se relaciona, trabaja y se educa.

Sin embargo, a pesar de los avances y tropiezos, persisten desafíos importantes. Brechas en el desarrollo ausente de la tecnología, limitaciones en el acceso a la educación y conocimiento tecnológico y la necesidad de integrar plenamente el desarrollo de la ciencia y la innovación en todos los sectores son elementos críticos que requieren atención.

México tiene un rico legado tecnológico, pero el futuro demanda un enfoque continuo en los nuevos desarrollos del conocimiento técnico. Las etapas históricas nos muestran que México integra en su esencia un abanico de conocimientos ancestrales de alto nivel, etapas de poco o limitado desarrollo, episodios históricos de solamente transferencia y nulo impulso, entre otros hechos. Los antecedentes nos indican la necesidad de superar los desafíos actuales para asegurar que la tecnología sea un motor de desarrollo sostenible, impulsando no solo el crecimiento económico, sino también el bienestar social para toda la población mexicana.

La antropología mexicana cognitiva

El perfil general del mexicano

Los datos: el 94% de los mexicanos somos impuntuales. El 82% no colaboramos en equipo y, dentro de este tema, el 91% busca sus intereses personales. El 88% bloquea el crecimiento de los demás por envidia. El 79% somos mentirosos. El 77 % no dice lo que siente. El 55% traiciona. El 70 % dice una cosa y hace otra. El 91 % decimos siempre "Si" para quedar bien. El 99% somos ingeniosos. El 73% no terminamos las cosas. El 70% esperamos que no pase nada. El 57% nos compran con dadivas. El 82% es trabajador. El 69% no es lector asiduo. El 85% le gusta el tequila. El 97% dice, "mi casa es tu casa". El 87% celebra la Virgen de Guadalupe. El 99% se siente mexicano.

Desde una reflexión personal, los mexicanos nos encontramos configurados individualmente por tres áreas cognitivas que se entrelazan en el alma y pensamiento de cada uno de nosotros, en diversas proporciones y grados. Esta amalgama de fuerzas cognitivas, tanto externas como internas, ha dado lugar a un perfil distintivo del mexicano en términos del desarrollo de la inteligencia, el conocimiento y la sabiduría tecnológica. La pregunta es ¿Cuáles son estos tres elementos de influencia? El conocimiento Ancestral y Cultural, el Conocimiento Instruido y Adquirido Moderno y el Interno o Propio.

El proceso Cognitivo del Mexicano

Desde nuestra perspectiva de estudio sobre el tema, hemos identificado tres sistemas y/o procesos fundamentales que ejercen influencia en el desarrollo cognitivo de los mexicanos en el ámbito del conocimiento tecnológico. Estos tres sistemas o procesos son los siguiente:

1) El proceso cognitivo evolutivo (ancestral y cultural).

- Este sistema se refiere a la influencia de la evolución y la herencia cultural en la cognición tecnológica.

2) El proceso transferido y adquirido (aprendizaje).
   - Este sistema se centra en la transferencia y adquisición de conocimientos tecnológicos a través del aprendizaje.

3) El proceso propio (voluntad y potencia).
   - Este sistema se centra en el desarrollo interno de las capacidades tecnológicas mediante la voluntad y la fortaleza para adquirir y aplicar conocimientos tecnológicos.

En el marco de un estudio exhaustivo y con base en la experiencia adquirida sobre el conocimiento y desarrollo cognitivo tecnológico en México, se ha descrito la existencia de tres sistemas esenciales. Estos sistemas, considerados clave para comprender el proceso cognitivo en este ámbito, se convertirán en el foco de atención en los capítulos subsiguientes.

Para lograrlo, se proporciona una visión completa y detallada mediante un modelo y estructura de análisis diseñados, los cuales permitirán abordar cada uno de estos sistemas en profundidad. A través de esta estructura, se desglosarán los elementos más relevantes de cada sistema, se presentará el modelo conceptual que los engloba, se analizarán las oportunidades que surgen y se propondrán soluciones.

El Modelo cognitivo ancestral y cultural.

El concepto de "proceso cognitivo ancestral y cultural" engloba el extenso y diverso conocimiento tecnológico arraigado en la historia de México. Este conocimiento no solo se limita a la era precolombina, sino que abarca la multiplicidad de influencias y contribuciones de las diversas culturas que han dejado su huella en este territorio a lo largo de la historia humana.

Desde las civilizaciones mesoamericanas, como los aztecas y los mayas, hasta la época de la colonización y la interacción con las culturas europeas, el conocimiento tecnológico en México ha evolucionado y se ha enriquecido. La tradición artesanal, la agricultura, la arquitectura, y otras áreas han sido moldeadas por la interacción de diversas comunidades a lo largo de los siglos.

Este contexto histórico y cultural crea un tapiz complejo de conocimientos y prácticas que influyen en la manera en que los mexicanos contemporáneos se relacionan con la tecnología. La comprensión de estas raíces ancestrales y culturales proporciona una base sólida para explorar y comprender el desarrollo cognitivo tecnológico en la sociedad actual de México.

Tecnología Mexicana Ancestral

Las civilizaciones precolombinas de México, como los mayas, aztecas y olmecas y otras culturas claves, desarrollaron tecnologías avanzadas en áreas como la agricultura, la arquitectura, la metalurgia y la astronomía. Por ejemplo, los mayas crearon un sistema de escritura sofisticado, inventaron el cero, construyeron ciudades y templos impresionantes sin el uso de herramientas de metal o la rueda y desarrollaron un calendario preciso.   Este calendario es conocido como el "Calendario Maya" o "Cuenta Larga", el cual se basa en dos ciclos interconectados: el Tzolk'in, un ciclo de 260 días, y el Haab, un ciclo solar de 365 días. La combinación de estos dos ciclos crea un ciclo calendárico llamado "Rueda Calendaria". Además, los Mayas utilizaron un tercer ciclo llamado "Cuenta Larga", que contaba los días a partir de una fecha inicial legendaria denominada "Fecha Cero" o "Inicio del Mundo". La Fecha Cero en el calendario maya se ubica en el 11 de agosto de 3114 a.C.

La Cuenta Larga consiste en contar los días transcurridos desde la Fecha Cero en unidades de días, kin (días individuales), winal (ciclos de 20 días), tun (ciclos de 18 winales o 360 días), k'atun (ciclos de 20 tuns o 7,200 días), y bak'tun (ciclos de 20 k'atunes o 144,000 días). La Cuenta Larga llega a su fin después de 13 bak'tunes, que equivale a aproximadamente 5,125.36 años, marcando un "Gran Ciclo" en el calendario maya.

Este sistema calendárico preciso permitía a los Mayas llevar un seguimiento meticuloso de los eventos astronómicos, como los ciclos lunares y solares, así como la planificación de actividades ceremoniales y agrícolas. La exactitud de su calendario ha sido destacada por su capacidad para sincronizarse con eventos astronómicos con gran precisión.

Los aztecas, por su parte, construyeron la ciudad de Tenochtitlán, una metrópoli impresionante con canales y calzadas, en medio de un lago y un calendario muy preciso también.

Este calendario llamado Calendario Azteca, también conocido como el "Piedra del Sol" o "Cuenta de los Días", era un sistema calendárico complejo utilizado por los aztecas en Mesoamérica. Consistía en dos ciclos principales: el Tonalpohualli y el Xiuhpohualli.

Tonalpohualli: Este ciclo sagrado de 260 días estaba compuesto por 20 signos (símbolos) combinados con 13 números. Cada día del Tonalpohualli tenía una combinación única de un número y un signo, lo que resultaba en un ciclo de 260 días. Este calendario era utilizado para determinar días auspiciosos para ceremonias religiosas y rituales, así como para predecir el destino de las personas.

Xiuhpohualli: Este era el calendario solar de los aztecas, compuesto por 18 meses de 20 días cada uno, sumando un total de 360 días. Adicionalmente, se agregaba un periodo adicional de 5 días llamado "Nemontemi" al final del año, lo que resultaba en un año solar de 365 días. Cada uno de los 18 meses estaba asociado con un festival religioso específico.

El Calendario Azteca era esencial para la vida cotidiana y religiosa de los aztecas. Les permitía organizar ceremonias, rituales y actividades agrícolas de acuerdo con los ciclos astronómicos y estacionales. Además, el sistema calendárico azteca tenía una gran precisión, que incluso superaba al calendario juliano utilizado en Europa además del gregoriano.

Tecnología Mexicana Cultural

En términos de tecnología cultural, México ha mantenido y adaptado muchas de estas técnicas ancestrales a los tiempos modernos. Por ejemplo, la técnica de cultivo de "milpa", que implica el cultivo conjunto de maíz, frijoles y calabaza, sigue siendo una práctica común en muchas partes de México. Esta técnica no solo es eficiente en términos de uso del espacio, sino que también promueve la biodiversidad y la salud del suelo.

Proceso Cognitivo Ancestral

El "Proceso Cognitivo Ancestral" se refiere a la influencia de conocimientos y patrones de pensamiento transmitidos a través de generaciones ancestrales en una sociedad. Este sistema abarca las formas de comprender y procesar la información relacionada con la tecnología que han evolucionado a lo largo del tiempo, heredadas de las experiencias y prácticas de las generaciones pasadas.

El Proceso Cognitivo Ancestral destaca cómo las experiencias históricas y las formas tradicionales de interacción con la tecnología han influido en la manera en que los individuos contemporáneos abordan el conocimiento tecnológico. Sin embargo, en el caso de México, desafortunadamente no todas estas capacidades cognitivas sobre la tecnología fueron transmitidas.

Si los mayas y los aztecas crearon calendarios muy precisos, ¿dónde quedaron las metodologías y los procesos para realizar estas observaciones, estudios, y cálculos? Para ello, se podrían plantear diversas hipótesis sobre por qué estos procesos, conocimientos y sabiduría no fueron transferidos. Quizás una de las causas esté relacionada con la gran cantidad de información y el requerimiento cognitivo humano, lo que resultó difícil de transmitir y pasar a las actuales generaciones. O quizás, por el contrario, fue tanta la información cognitiva desarrollada a través de varias generaciones que resultó difícil de transmitir a las siguientes generaciones. Otra posibilidad quizás fue la protección de estos conocimientos y técnicas para evitar su mal uso, reduciendo o evitando la posibilidad de usarlos de forma inadecuada, eliminando riesgos para las siguientes generaciones. Lo que sí se sabe es que hacer cálculos y determinar los tiempos y los movimientos cósmicos requiere mucho trabajo y tiempo utilizando herramientas sofisticadas y complejas en la actualidad.

Transferencia Cognitiva Ancestral

Posiblemente, la explicación de por qué la capacidad de conocimiento ancestral y cultural no se ha transmitido de manera efectiva a las generaciones posteriores podría encontrarse en la falta de reconocimiento en la conciencia humana. Este distanciamiento se relaciona con la existencia de una omnipotencia creativa y cognitiva divina que, lamentablemente, no fue aceptada por las generaciones subsiguientes. Es claro que la falta de reconocimiento de esta magnitud divina ha roto la transferencia cognitiva, convirtiéndola en una entidad puramente humana y, por ende, más débil.

La realidad es que esta fuerza cognitiva divina desempeñó un papel crucial en el desarrollo de los niveles extraordinarios de conocimiento que nuestros ancestros llegaron a poseer. Ser conscientes de esta conexión con lo divino podría ser la clave para recuperar y revitalizar el conocimiento ancestral, reconociendo la importancia de la influencia divina en el desarrollo cognitivo humano.

Conocimiento Transferido y Adquirido

El conocimiento transferido y adquirido refiere al desarrollo e innovación del conocimiento científico y tecnológico que se ha construido a lo largo de los últimos siglos y se ha transferido a través de la educación en lugares específicos, tales como escuelas, universidades y otras locaciones donde se enseñan de manera puntual estas nuevas sapiencias. Libros, artículos, conferencias, pláticas, conversaciones y otras herramientas de enseñanza han sido los elementos para instruir y desarrollar el sistema cognitivo de ser humano a través de los siglos.

Aprendizaje Tecnológico en México

En el contexto mexicano, la transmisión del conocimiento tecnológico se realiza predominantemente a través de las aulas de enseñanza, donde los libros técnicos desempeñan un papel fundamental como herramientas educativas. Estos libros, en muchos casos, constituyen la piedra angular del currículo educativo tanto en universidades como en centros tecnológicos del país. Este proceso de aprendizaje se manifiesta en los últimos niveles de educación media superior y superior. En los niveles de primaria y secundaria, la ausencia de aprendizaje tecnológico es limitada o ausente.

Adicional a esta limitante, se incluye que estos libros técnicos a menudo presentan una brecha temporal considerable. La información que contienen suele corresponder a desarrollos tecnológicos que ocurrieron entre 10 y 30 años antes de su publicación. Esta desactualización crea un desafío para el sistema educativo, ya que el conocimiento transmitido se encuentra desfasado con respecto a las innovaciones tecnológicas más recientes.

Como consecuencia, esta discrepancia temporal impacta directamente en el nivel del conocimiento de los estudiantes y profesionales formados a través de este método. El retraso en la actualización de la información técnica limita la capacidad de los aprendices para comprender y aplicar los avances más recientes en el campo tecnológico, generando una brecha en el desarrollo cognitivo al conservar el ritmo de conocimientos tecnológicos del pasado.

Otro factor crucial que incide directamente en el nivel de conocimiento tecnológico es la capacidad limitada en la creación de la tecnología cognitiva en México. La carencia de este proceso esencial, dificulta significativamente elevar el nivel cognitivo y las capacidades científicas y tecnológicas de los mexicanos. La combinación de información desfasada y la falta de desarrollo interno en tecnología contribuye a la formación de una capacidad cognitiva tecnológica insuficiente y limitada a nivel mundial.

Esta carencia de una estrategia sólida para el desarrollo tecnológico interno robusto impide que los individuos adquieran habilidades avanzadas y competitivas en el ámbito científico e innovador. Esta limitación interna, combinada con el uso de información obsoleta, crea un escenario en el cual el conocimiento tecnológico y la capacidad cognitiva no evolucionan al ritmo necesario para mantenerse al día con los avances contemporáneos y el desarrollo cognitivo tecnológico en México.

Desafíos en el Aprendizaje Tecnológico

Existe una amplia variedad de factores y elementos que contribuyen a la baja calidad del aprendizaje y la transferencia de tecnología en nuestro país. Estos pueden ser identificados de la siguiente manera:

1. Falta de una estrategia educativa tecnológica.
2. Programas educativos obsoletos y no actualizados.

3. Desarticulación de nuevos temas tecnológicos.
4. Capacidades, habilidades y actualización de docentes.
5. Estructuras necesarias y suficientes para la tecnología.
6. Soporte e inversiones económicas enfocadas a la tecnología.
7. Ausente desarrollo de voluntad y potencia cognitiva.

Estos y otros factores más, contribuye en al nivel de conocimiento transferido y adquirido en el ámbito tecnológico de nuestro país.

Datos Comparativos sobre índice del Aprendizaje

Indicador	México	EE.UU.	Japón	Corea Sur	China
Índice de Desarrollo Tecnológico	Bajo	Alto	Muy Alto	Muy Alto	Alto
Puntuación en PISA - Tecnológico	Bajo	Alto	Alto	Muy Alto	Muy Alto
Inversión en Educación Tecnológica	Bajo	Alto	Alto	Muy Alto	Muy Alto
Colaboración con Industria	Bajo	Muy Alto	Alto	Muy Alto	Muy Alto
Participación en Investigación y Desarrollo	Bajo	Muy Alto	Muy Alto	Muy Alto	Muy Alto
Desarrollo Cognitivo	Ausente	Alto	Alto	Muy Alto	Muy Alto

Fuente: Admexus 2024

Estos datos señalan que México se encuentra en la posición número 80 de 100 en comparación con países altamente competitivos en términos de tecnología y desarrollo cognitivo. Esta posición resulta inaceptable considerando la capacidad cognitiva de los mexicanos y la significativa falta de aprendizaje. Estas dos fuerzas actúan en direcciones opuestas, donde la fuerza principal es la cognitiva y la fuerza negativa es la falta de una estrategia efectiva en la enseñanza y el aprendizaje en el país.

En otras palabras, mientras que la capacidad cognitiva de la población mexicana es una fuerza activa que podría potenciar el desarrollo tecnológico y cognitivo, la falta de enfoque y estrategia en la educación crea un obstáculo significativo. La discrepancia entre estas dos fuerzas resalta la importancia de abordar y mejorar las estrategias educativas para impulsar el aprendizaje y el desarrollo tecnológico de manera más efectiva.

Aprendizaje Tecnológico en Norte América

México está ubicado en la región comercial más importante del mundo, en el epicentro de todas las actividades económicas, financieras, industriales y sociales, entre otras. Esta región, que abarca Canadá, Estados Unidos y México, alberga una amplia gama de negocios y sistemas de comercio que, con los últimos avances tecnológicos disruptivos, están transformando de manera dramática el perfil productivo, económico y social de la zona y también del mundo. Así, los dispositivos inteligentes, sistemas de programación avanzada, computación cuántica, autos autónomos y eléctricos, cohetes reutilizables, inteligencia artificial y otros productos tecnológicos desarrollados tienen su origen principalmente con nuestro vecino del norte. Esto implica que estos procesos y cambios tecnológicos son impulsados principalmente por una estrategia de desarrollo del conocimiento en todos los sectores y áreas para la implementación de nuevas tecnologías y, a su vez, de nuevos negocios. Estos avances son el resultado directo de la función del desarrollo cognitivo humano en la región y, en especial, en ese país vecino. ¿Y México?

Por ello, Estados Unidos se posiciona como un impulsor de nuevas tecnologías y es esencialmente un potenciador para el desarrollo cognitivo. Esto no solo sucede a nivel local mediante la implementación de estrategias educativas diseñadas específicamente para impulsar la voluntad y potencia cognitiva, sino también para un sistema robusto y eficiente de aprendizaje con el objetivo de llevar a cabo la transferencia y adquisición de nuevos elementos cognitivos en su sociedad. Pero no solo eso sucede, también es un importador de capital humano y conocimiento de otras partes del mundo, fortaleciendo su estatus actual y su éxito futuro. Es evidente que esta estrategia ha creado todas las condiciones necesarias y suficientes para establecer un mercado potencial y económicamente poderoso en la región, liderado por nuestro vecino, Estados Unidos de América del Norte, en el cual México participa únicamente a través de su fuerza física laboral y no de su fuerza cognitiva desafortunadamente.

Fortalecimiento de la Enseñanza Tecnológica en México

Como se ha descrito, nuestro vecino del norte utiliza una estrategia para el desarrollo del aprendizaje de manera eficiente y efectiva. En el caso de México, es necesario implementar un cambio disruptivo e inmediato que alcance en poco tiempo los niveles y grados de conciencia del conocimiento y fortalecimiento de la enseñanza. Estas actividades pueden abarcar:

1. Fomentar la voluntad y potencia cognitiva en los primeros niveles de educación.
2. Impulsar el constante adiestramiento y capacitación de los docentes en el desarrollo del conocimiento.
3. Descentralizar el desarrollo tecnológico e innovación científica del sector público.
4. Incentivar el desarrollo de nuevos productos e infraestructuras tecnológicas.
5. Implementar programas continuos de formación y capacitación tecnológica.
6. Impulsar tecnologías emergentes en todas las áreas de aplicación.

7. Desarrollar centros de colaboración educativa y privada para la transferencia del conocimiento.
8. Invertir en estructura tecnológica para facilitar el acceso a nuevos productos tecnológicos.
9. Descentralizar el sistema nacional de investigadores e integrarlo a la iniciativa privada.
10. Incentivar el ecosistema de innovación y emprendimiento tecnológico.

Todas estas acciones, estrategias, entre otras, impulsarán directamente el desarrollo cognitivo y fortalecerán los procesos de aprendizaje. Pero lo más importante en la matriz de responsabilidad es la corresponsabilidad de todos los ingenieros mexicanos. Nosotros, como ingenieros, somos responsables de la capacidad actual y futura cognitiva del país. Esta responsabilidad no es transferible; es una responsabilidad intrínseca de compromiso social.

El Desfase en el Aprendizaje en México

Uno de los temas complejos que impactan directamente en la fórmula del desarrollo del conocimiento es la transferencia y enseñanza tecnológica a través de documentos escritos o libros técnicos que contribuyen al proceso tecnológico. La impartición y transferencia del conocimiento y la tecnología deben estar en el nivel más actual para tener un sentido de valor. Sin embargo, en el caso de México, la impartición y transferencia del conocimiento se basa en documentos o libros que tienen varios años de haber sido escritos o editados. En algunos casos, se están enseñando tecnologías que ya no existen en centros educativos. No tiene sentido enseñar tecnologías de tubos de rayos catódicos para pantallas de televisión cuando se deberían integrar los últimos diseños y principios tecnológicos de pantallas LED.

Existen varios factores que intervienen en el desfase del aprendizaje en México entre los cuales contamos:

1. La falta de seguimiento a documentos o libros escritos sobre nuevas tecnologías
2. La falta de búsqueda en nuevos documentos científicos publicados en revistas científicas.
3. La inflexibilidad en la actualización del currículo educativo con nuevos elementos científicos y tecnológicos.
4. Estructura de enseñanza práctica y teórica.
5. Limitaciones en la infraestructura educativa.
6. Enfoque en tecnologías obsoletas y antiguas.
7. Falta de capacitación estratégica y actualización docente.
8. Integración del sector privado, científico y educativo.
9. Participación limitada en el desarrollo tecnológico.
10. Desacople de la responsabilidad de la enseñanza pública a la responsabilidad de la enseñanza privada.

Varios elementos, incluyendo los mencionados, contribuyen al desfase en el aprendizaje tecnológico en México. Un área clave para la mejora radica en la creación de un centro con la capacidad de monitorear constantemente las nuevas tecnologías y desarrollos científicos a nivel internacional. Esto no solo permitiría mantenerse al día con las últimas innovaciones, sino también ajustar de manera proactiva los programas educativos y la capacitación de los docentes. De esta manera, se garantiza que los involucrados estén informados sobre las tendencias y avances más recientes en los campos tecnológico y científico, preparándolos para enfrentar los retos actuales y futuros, y contribuyendo al aprendizaje y desarrollo del conocimiento en México.

Formación Deficiente del Docente

Este es un tema delicado desde cualquier punto de vista, ya que el proceso de capacitación de un profesor o docente siempre tendrá muchas aristas. Una de ellas, y quizá la más compleja, es la existencia de una estrecha relación entre la responsabilidad pública para la educación y el cuerpo de individuos que enseñan. Este fenómeno dificulta impulsar un desarrollo y aprendizaje suficiente en los educandos debido a su naturaleza humana y no cognitiva. El trance entre estas polaridades origina una serie de movimientos y fuerzas en diferentes direcciones que provocan inestabilidad, diferencias, intereses y otros efectos que, al final, tienden a enfocarse más en la cuestión política que en la propia educación y capacitación de los educadores. Es el enfrentamiento entre fuerzas de interés, dejando a un lado el compromiso de la transferencia y capacitación del sector básico educativo de México.

Causas de la Deficiente Formación Docente

Existen varias causas por las cuales existe la deficiencia docente en el conocimiento tecnológico; aquí te escribiremos algunas de ellas:

1. No hay un impulso hacia la mentalidad tecnológica.
2. No hay estrategias para la capacitación tecnológica.
3. No existen o son limitados los programas de capacitación.
4. No hay un interés válido que impulse la capacitación.
5. No existe una estructura de incentivos económicos.

Estos son algunos de los elementos que originan el impulso hacia una capacitación deficiente de los docentes en el tema de tecnología. Con esto, es evidente que los niveles de conocimiento de nuestra educación básica, media y superior están por debajo de los indicadores de evaluación educativa a nivel mundial.

Propuesta para Mejorar la Formación Docente

Una propuesta de mejora para reducir esta deficiencia en los docentes consiste en establecer un centro de monitoreo tecnológico dedicado a evaluar los avances internacionales y el grado de implementación y eficacia de la capacitación de los docentes. En este centro participarían la industria, el sector de desarrollo tecnológico y los docentes. De esta manera, se refuerza la mentalidad de desarrollo e innovación tecnológica no solo en los educandos, sino también en los educadores, generando una sinergia capaz de desarrollar nuevas tecnologías y negocios. Es un verdadero potencial de éxito en la educación del país.

Insuficiente Soporte y Estructuras Tecnológicas

Otro de los factores principales que inciden en la transferencia y aprendizaje de tecnologías es la falta de soporte en estructuras y herramientas para el desarrollo del conocimiento tecnológico en el país. Los factores principales que generan esta insuficiencia son los siguientes:

1. Infraestructura tecnológica deficiente o nula
2. Acceso limitado a recursos económicos para la adquisición de elementos tecnológicos
3. Poca inversión en infraestructura tecnológica educativa
4. Capital humano especializado en infraestructura tecnológica
5. Adquisición de equipos e infraestructura tecnológica externa
6. Poco desarrollo de infraestructura tecnológica interna
7. Alto costo de infraestructura tecnológica
8. Poco interés en la participación del sector privado
9. Bajos estímulos a la inversión en estructura tecnológica
10. Desarticulación entre inversiones privadas y públicas

Una de las variables más importantes en el tema del escaso soporte y estructura tecnológica se refiere principalmente a la ausencia de un conocimiento más profundo y detallado sobre la innovación y desarrollo tecnológico requerido en el país y, por ende, en la comprensión de las políticas gubernamentales y legislativas. Dentro de este fenómeno, el impacto afecta la formulación de políticas públicas y privadas que impulsen verdaderamente la inversión en infraestructura tecnológica, la cual hoy está casi ausente en nuestro México. Estas causas pueden ser clasificadas como:

1. Falta de rumbo en estrategias públicas y privadas sobre el desarrollo tecnológico.
2. Falta de enfoque en el desarrollo de una especialización o pilar en áreas tecnológicas competitivas a nivel nacional e internacional.
3. Falta de conocimiento en los diferentes niveles legislativos y gubernamentales sobre el tema de infraestructura tecnológica.
4. Desconexión entre las políticas tecnológicas y las necesidades reales del país.
5. Limitada participación de expertos y profesionales en la formulación de políticas tecnológicas.
6. Resistencia al cambio y la adopción de nuevas tecnologías.
7. Responsabilidad y Resistencia Cultural

Estos temas y otros más generan un entorno de escaso soporte de infraestructura tecnológica en el país, especialmente en los ámbitos de regulación y legislación sobre este tema. Bajo estas circunstancias de regulaciones, parece existir una prioridad en la generación de políticas sociales y una carencia en las políticas tecnológicas para la infraestructura. Esto no debería ser así. Las políticas tecnológicas tienen un impacto mayor, no solo en el ámbito tecnológico, sino también en un grado más elevado de bienestar social que las propias políticas sociales por sí solas. Por ello, en los países más desarrollados y económicamente robustos, el grado tecnológico es el elemento de mayor impacto en el cambio productivo, económico y social de un país. Es decir, la tecnología es el factor de cambio más importante y principal en la sociedad en su conjunto.

Propuestas para Soporte Tecnológico

El soporte tecnológico requiere fundamentalmente inversión, ya sea del sector público o privado. Esta inversión puede estar directamente relacionada con el nivel de estudios que se quiera respaldar. Por lo tanto, para áreas de alto nivel de conocimiento tecnológico, se necesita una inversión significativa en equipos avanzados de tecnología, que tienen un costo mayor que para niveles educativos básicos. En este contexto, la inversión privada debe ser uno de los elementos más importantes para impulsar el conocimiento y el soporte tecnológico avanzado en capacitación de alto nivel.

Es una inversión con un retorno muy efectivo y altamente eficiente, ya que a medida que el capital humano alcanza el último nivel de conocimiento, las posibilidades y potencialidades de las empresas se benefician en la misma medida. En esta relación entre inversión privada y pública, surge la oportunidad de generar infraestructura tecnológica. Aquí algunas propuestas para una buena inversión en tecnología:

1. Incentivos directamente a la inversión de infraestructura tecnológica
2. Inversión en el desarrollo de infraestructura tecnológica
3. La inversión de infraestructura tecnológica ubicada en el sector industrial o centros de investigación privados

Estos y otros conceptos adicionales proponen de una manera simple impulsar la infraestructura tecnológica necesaria en el país. Lo importante es establecer el procedimiento adecuado y la responsabilidad necesaria para poder llevar a cabo este desarrollo en la inversión de infraestructura tecnológica. El dinero está en las empresas; es solo llevar a cabo el proceso de inversión adecuadamente.

Desarticulación Colaborativa Industria y Academia

La desarticulación colaborativa entre la industria y la academia es un desafío significativo que impacta negativamente en el desarrollo educativo y tecnológico del país. La falta de conexión efectiva entre estos dos sectores clave obstaculiza la transferencia de conocimientos y habilidades relevantes para el entorno productivo actual. La industria, al no estar completamente integrada con los procesos educativos, no logra influir de manera eficiente en la formación de habilidades específicas que demanda. El resultado es un capital humano con conocimientos solamente teóricos y grandes brechas en la práctica diaria, además de desfase en el conocimiento tecnológico.

Esta falta de alineación se refleja en la actualización de programas educativos, ya que la información y las habilidades transmitidas a menudo no están sincronizadas con las demandas cambiantes del mercado productivo. Además, la desarticulación dificulta la identificación de áreas específicas de enfoque y la adaptación de los planes de estudio o capacitación para incluir las últimas tendencias y avances tecnológicos requeridos.

Causas de la desarticulación Industria-Academia

Al realizar un estudio detallado sobre las causas de la desarticulación entre la industria y la academia, se pueden identificar los siguientes factores principales:

1. La industria requiere capital humano inmediato, el cual no existe.
2. Las industrias invierten más en la capacitación interna que en invertir en los sectores educativos públicos.
3. El capital humano no tiene el nivel de conocimiento técnico necesario.
4. El nivel de conocimiento está desfasado con los requerimientos tecnológicos actuales.
5. No existen incentivos ni regulaciones para la educación y enseñanza dual (teórica-práctica).
6. No existen convenios entre los sectores de educación pública y la iniciativa privada en tecnología.
7. Ausencia de programas de pasantías y prácticas profesionales.
8. Falta de regulación en los programas educativos, especialmente en nuevas tecnologías.
9. Burocracia y regulaciones excesivas y poco flexibles.
10. Bajo nivel de desarrollo tecnológico y desconexión con la industria de alto nivel tecnológico.

Estos y otros puntos clave referentes a la desarticulación entre la industria y la academia son factores que obstaculizan el proceso de interrelación efectiva, no solo en el ámbito tecnológico entre la industria y la academia, sino también en el crecimiento y desarrollo del nivel de conocimiento tecnológico en el país. Fundamento prioritario para el bienestar productivo, económico y social de México.

Propuesta de Colaboración Industria-Academia

Para mejorar la desarticulación entre la industria y la academia, es esencial establecer puentes sólidos de colaboración entre estas entidades. La creación de programas de pasantías, proyectos conjuntos y la participación activa de profesionales de la industria en el diseño curricular son estrategias que pueden fortalecer esta conexión. Algunas propuestas concretas incluyen:

1. El sector industrial debe proyectar los requerimientos de capital humano tecnológico para los próximos 10 y 20 años.
2. Los líderes del desarrollo tecnológico deben realizar un análisis de las habilidades y capacidades necesarias para los próximos 10, 20 y 30 años.
3. Los centros de investigación, tanto privados como públicos, deben enfocar sus esfuerzos de manera colaborativa y orientados a objetivos concretos.
4. Los presupuestos de la educación pública deben alinearse con los requerimientos del sector industrial proyectados a 5, 10, 20 y 30 años.
5. Los educadores deben participar en estancias y actividades industriales para aplicar su conocimiento teórico en la práctica.
6. Implementar convenios e incentivos para la realización de actividades teórico-prácticas.
7. Regularizar y descentralizar la educación pública, integrándola no solo en el sector público, sino también en el sector privado tecnológico.

Estos y otros elementos más pueden impulsar la articulación entre la industria y la academia. Al fomentar esta colaboración de manera más estrecha y eficiente, se puede lograr una educación tecnológica más alineada con las necesidades y expectativas del mundo productivo, preparándonos de manera más efectiva para los desafíos tecnológicos actuales y futuros. Es un ganar-ganar en todos los sentidos.

Excelencia en Centros de Desarrollo e Investigación

Uno de los institutos de investigación y desarrollo reconocidos a nivel mundial por su excelencia es el instituto Max Planck. A lo largo de su historia, el instituto y la sociedad Max Planck ha producido 32 Premios Nobel. Su cultura de investigación promueve una investigación rigurosa y de alta calidad lo que ha llevado a numerosos descubrimientos y avances científicos. Algunos de sus directores fueron Albert Einstein, Walter Nerst, Fritz Haber, Max Planck entre otros más. Su excelencia viene por la calidad de la investigación llevada a cabo en los diferentes institutos los cuales deben cumplir con los criterios de excelencia de la sociedad Max Planck. Para garantizar que esto sea así las actividades de investigación de los institutos se someten a revisiones de calidad regulares. El instituto Max Planck es una organización sin ánimo de lucro. Su objetivo principal es llevar a cabo investigaciones de alta calidad en diversas disciplinas científicas. Su soporte económico viene del financiamiento estatal de Alemania, ingresos de la Unión Europea, socios cooperadores y licencias de investigación y donaciones. El instituto Max Planck ha tenido ingresos de 1,700 millones de euros en un año, siendo uno de los institutos de investigación más eficientes en desarrollo tecnológico y económicamente sustentables.

Para el caso de México, no existe ningún centro eficiente y autosustentable para actividades del desarrollo tecnológico del país.

Desarrollo Limitado en Centros de Desarrollo Tecnológico

La Constitución Política de los Estados Unidos Mexicanos expresa que el estado promoverá y apoyará a la investigación científica y tecnológica a lo largo del país. Sin embargo, esto no ha sucedido. Las inversiones gubernamentales están por abajo del 0.2 % del PIB donde la iniciativa privada participará en más de un 55%, siendo éste de inversión extranjera. Para países desarrollados tecnológicamente, más del 7% del PIB y 80% de inversión privada los colocará como países altamente desarrollados.

La falta de visión y estrategia para el desarrollo del conocimiento tecnológico en México es evidente, lo que se traduce en un nivel muy bajo en el indicador del grado de ciencia y tecnología en comparación con otros países. La famosa fuga de cerebros, que implica la emigración de talentos mexicanos en busca de oportunidades en otros países, también contribuye a las deficiencias en los centros de investigación, en los centros de enseñanza y en el sector productivo del país.

Paralelamente, la ausencia de una base consciente que busque el desarrollo tecnológico como estrategia completa este panorama ineficiente en el desarrollo tecnológico y científico por parte de los Centros de Investigación y Desarrollo de México.

La combinación de estos factores impide el avance significativo en el ámbito tecnológico, afectando negativamente la capacidad del país para competir en el contexto global y para aprovechar plenamente el potencial de sus recursos y talentos internos. Además, reduce las posibilidades de generar bienestar productivo, económico y social.

Causas de Desarrollo Limitado en Centros de Desarrollo

Algunas de las causas son:

1. Escasez de mecanismos para la transferencia efectiva de tecnologías desarrolladas en los centros de investigación al sector privado.
2. Insuficiente promoción y difusión de los resultados y avances tecnológicos logrados en los centros de desarrollo públicos y privados.
3. Baja conexión entre los programas educativos y las necesidades específicas de investigación y desarrollo tecnológico del sector productivo.

4. Los centros de desarrollo e investigación tecnológica, en su mayoría, están coordinados por el sector gubernamental.
5. Limitados o nulos incentivos al sector privado para la creación e impulso de Centros de Investigación y Desarrollo.
6. Restringidos y complejos incentivos en inversión privada para proyectos de desarrollo e investigación.
7. Desarticulación entre la iniciativa privada y los centros de investigación.
8. Falta de coordinación en proyectos estratégicos de desarrollo e investigación entre la academia y el sector productivo.
9. Inversión en infraestructura tecnológica limitada y desarticulada con el sector productivo.
10. El modelo de soporte de centros de investigación y desarrollo tecnológico público no se alinea con el requerimiento de desarrollo tecnológico privado

Estas y otras causas son determinantes en el desarrollo científico y tecnológico del país, siendo factores cruciales que influyen en múltiples aspectos de la economía y la sociedad. Uno de los aspectos más notables es su impacto directo en el Producto Interno Bruto (PIB), tanto a nivel nacional como en el PIB per cápita. El desarrollo científico y tecnológico no solo se traduce en avances tecnológicos, sino que también juega un papel fundamental en la generación de riqueza y bienestar para la población.

Propuestas de Mejora para Impulso de Centros de Desarrollo

En el ámbito de la competitividad tecnológica, un país que invierte y fomenta el desarrollo en ciencia y tecnología tiene mayores posibilidades de destacar en mercados globales. La capacidad de innovar y adaptarse a las demandas cambiantes del mercado se convierte en un diferenciador crucial para las industrias y empresas. Aquellos países que logran integrar la investigación y el desarrollo tecnológico de manera efectiva son más propensos a liderar en sectores estratégicos y emergentes, lo que los hace más robustos productiva, económica y socialmente.

Estos temas de propuesta incluyen los siguientes puntos:

1. Formar un equipo interdisciplinario entre la iniciativa privada del sector público en el tema del desarrollo tecnológico y científico
2. Evaluar los requerimientos necesarios en el tema del desarrollo tecnológico y científico
3. Establecer las prioridades y coordinación con los equipos de trabajo interdisciplinario
4. Establecer objetivos y plan de actividades concretas para evaluación de los avances y desempeño de los proyectos
5. Incentivar las actividades del desarrollo de centros de investigación a través de proyectos específicos
6. Transferir el liderazgo de los centros de investigación y desarrollo públicos a un centro coordinado y lidereado por el sector de requerimiento.
7. Incentivos a la inversión y desarrollo de proyectos tecnológicos y científicos

Estas y otras propuestas fortalecerían el desarrollo científico y tecnológico del país. Un país que invierte y fomenta el desarrollo en ciencia y tecnología tiene mayores posibilidades de destacar en los mercados globales y ser competitivo, generando economía y progreso tecnológico. Esto lo hace más competitivo, convirtiéndose en un diferenciador crucial para las industrias y las empresas a nivel local e internacional. Además, tiene un impacto directo en la implementación de tecnologías avanzadas y procesos innovadores que pueden mejorar la eficiencia de la producción, manufactura y la prestación de toda clase servicios públicos y privados que requiera la población. Contribuye a un crecimiento económico sostenible y sustentable, así como a la creación de empleos especializados y bien remunerados, elevando la calidad de vida de la sociedad. Es referente clave de mejora total.

En el aspecto social, el desarrollo científico y tecnológico tiene efectos transformadores. Uno de los impactos es la mejora en la calidad de la educación, la disponibilidad de servicios públicos y privados, y la creación de soluciones tecnológicas para desafíos sociales específicos en áreas como la ciencia, la tecnología, la industria, la salud, la economía, la agricultura, la ganadería, la medicina, la bioingeniería, la biotecnología, las finanzas, y otros sectores que generan riqueza económica en la sociedad. El desarrollo tecnológico, por lo tanto, es el elemento más importante para el crecimiento y bienestar social del país a través de todos sus elementos y factores de contribución.

Voluntad y Potencia Cognitiva Tecnológica

Modelos: Sistema Cognitivo y Sistema Sensitivo

La composición esencial del ser humano se desglosa en dos componentes fundamentales. Por un lado, se encuentra el sistema corpóreo o sensitivo, que abarca el cuerpo físico en su totalidad, integrado por una complejidad de sistemas, órganos y los sentidos. Por otro lado, nos encontramos con la esfera del intelecto, un ámbito que engloba lo cognitivo, lo pensante, lo creativo, lo imaginativo, lo espiritual y lo consciente. Estas dos dimensiones, la corpórea sensitiva y el intelecto cognitivo, están intrínsecamente conectadas y tienen la capacidad de interactuar y colaborar en diferentes formas, niveles y grados para formar la expresión total de la persona y el reflejo de su alma.

Estos dos elementos, en interacción dinámica, son capaces de generar pensamientos, decisiones, acciones y reacciones tanto sensitivas como cognitivas o pensantes. En la mayoría de los casos, existen más actividades sensitivas que actividades cognitivas. El ser humano, por lo tanto, tiende a ser más sensitivo y reacciona a sus sentidos que al pensamiento y conocimiento cognitivo o de templanza. Muchas veces, estas reacciones sensitivas resultan menos efectivas que las pensantes. A estas acciones y reacciones identificadas, las podemos clasificar en dos propiedades de acuerdo a sus comportamientos. La primera propiedad corresponde a la "Voluntad". La segunda, a la "Potencia". Ambas propiedades son características clave de los sistemas sensorial y cognitivo de nosotros los seres humanos.

Propiedades de Voluntad y Potencia

La interacción entre la voluntad y la potencia constituye un aspecto fundamental de la experiencia humana. La voluntad, al ser la facultad que nos permite tomar decisiones conscientes, implica un proceso complejo que involucra comprensión, entendimiento y conocimiento cognitivo. Es a través de la voluntad que damos dirección y propósito a nuestras acciones, seleccionando entre diversas opciones basadas en nuestro juicio y discernimiento cognitivo.

Por otro lado, la potencia complementa la voluntad al referirse a la capacidad de ejecutar y llevar a cabo las decisiones tomadas ya sea pensantes o sensitivas corporales. Es la fuerza que impulsa acciones concretas, movimientos precisos y actividades específicas. La potencia se manifiesta en la habilidad física y mental para traducir las elecciones de la voluntad en acciones tangibles.

En conjunto, la voluntad y la potencia trabajan en armonía para dar forma a nuestra conducta y experiencia diaria. La voluntad proporciona la orientación y el propósito, mientras que la potencia provee la energía necesaria para la manifestación práctica de nuestras decisiones. Este equilibrio dinámico entre la toma de decisiones consciente y la capacidad de ejecución contribuye a la complejidad y riqueza de la experiencia humana. Ambas propiedades, "Voluntad y Potencia", se manifiestan en los sistemas sensitivos y cognitivos. Por lo tanto, existen una Voluntad y Potencia Cognitiva y una Voluntad y Potencia Sensitiva.

Para explicar estas ideas, tomemos el ejemplo de acercar nuestro dedo al fuego de una vela. Cuando sentimos dolor, nuestra reacción natural es alejar rápidamente nuestro dedo del fuego. Esto representa una voluntad sensitiva de protegerse con la potencia sensitiva de actuar rápidamente sin pensarlo.

Ahora, imaginemos que decidimos no alejar nuestro dedo del fuego, utilizando nuestra capacidad de pensar (voluntad cognitiva) y controlando nuestra capacidad de actuar (potencia cognitiva). En este caso, sufriríamos daño corporal. Porque estamos manejando de forma cognitiva y no sensitiva.

En resumen, tanto la voluntad como la potencia trabajan juntas para dar forma a cómo actuamos y experimentamos, ya sea cognitivamente o sensitivamente. La voluntad nos guía, y la potencia nos proporciona la energía para llevar a cabo nuestras decisiones. Esta dinámica equilibrada entre la voluntad y potencia cognitiva para tomar decisiones y ejecutarlas diferencia de las voluntades y potencias sensitivas, lo cual contribuye a la complejidad de la experiencia humana.

Voluntad y Potencia Cognitiva de México

Habiendo establecido las definiciones de la voluntad y la potencia, tanto cognitiva como sensitiva, este análisis se centrará en la voluntad y potencia cognitiva del mexicano, específicamente en el ámbito tecnológico. Es importante señalar que, además, hay otras manifestaciones de voluntades y potencias en los mexicanos que se aplican en diversas áreas de la vida pero que no son tema de este libro.

Es reconocido que la voluntad y la potencia del perfil de cualquier mexicano tiende a ser más sensitivo que cognitivo. Expresiones como "tu casa es mi casa", "donde comen uno comen dos", "a darle que es mole de olla", "aguanta vara", "de tocho morocho", "como el perro de las dos tortas" y otras expresiones más demuestran que el mexicano tiende a ser más sensitivo que cognitivo. Sin embargo, se ha demostrado que no solamente tiene esta voluntad y potencia sensitiva, sino que también posee una capacidad más allá del estándar en la voluntad y potencia cognitiva el cual será analizado.

Este fenómeno sensitivo-cognitivo revela la riqueza y versatilidad del perfil mexicano, ya que, a pesar de que se destaca por su voluntad y potencia sensitiva, la capacidad cognitiva también se manifiesta de manera inteligente. Esta dualidad en la naturaleza del mexicano refleja una armoniosa integración de las facultades humanas. La voluntad y potencia sensitiva, evidentes en expresiones de solidaridad, resistencia y adaptabilidad, coexisten con una notable voluntad y potencia cognitiva que se manifiesta en el ingenio, la creatividad y la resolución de problemas, propias del perfil del mexicano.

Por ende, la capacidad de los mexicanos es muy versátil. En situaciones difíciles, su éxito se manifiesta cuando los procesos cognitivos tienen dominio sobre los sensitivos. Esto se produce cuando las voluntades y las potencias se entrelazan para establecer una conexión profunda entre sus estados sensitivos y cognitivos, demostrando comprensión y capacidad de entendimiento. Cuando la voluntad y potencia cognitiva predominan y regulan las fuerzas sensitivas, el mexicano entra en un estado de comprensión consciente, especialmente en situaciones adversas y complejas, lo que provoca una alta capacidad de adaptabilidad innata para enfrentar diversos desafíos y situaciones complejas de la vida.

El Caso de Estudio Cognitivo del Inmigrante

Circunstancias difíciles, como la falta de trabajo en comunidades alejadas de los centros laborales, generan una situación crítica de supervivencia para el padre de familia. Esta situación requiere no solo un proceso sensitivo, sino también un entendimiento y comprensión cognitiva que definan una serie de acciones y actividades para resolver el problema de manera inmediata. En muchos casos, una de estas soluciones implica la emigración a los estados vecinos del norte. Allí, el padre de familia se ve inmerso en un nuevo entorno, donde tiene que aprender inglés, adaptarse a nuevas normas sociales y capacitarse para realizar actividades laborales de alta calidad, las cuales serán remuneradas económicamente de manera positiva. En este contexto, la voluntad y potencia cognitiva crecen para adaptarse lo más pronto posible a los nuevos ambientes. Con el tiempo, y bajo este continuo proceso cognitivo, muchos de estos individuos llegan a convertirse en exitosos empresarios en la Unión Americana.

El Caso de Estudio Cognitivo del Siempre "Sí"

Muchas veces, personas de otras latitudes me han preguntado por qué los mexicanos siempre dicen "sí" y les cuesta decir "no". Este fenómeno es común en reuniones de trabajo donde se revisa el desarrollo, avance y cumplimiento de las actividades relacionadas con proyectos tecnológicos internacionales, y ocurre con frecuencia entre nosotros los mexicanos. Cuando se les pregunta sobre el estado de una actividad específica, responden con expresiones como "sí", "todo bien", "no hay problemas", cuando en realidad no es así. El reclamo posterior de los colegas, después de una revisión detallada del avance de la actividad, revela que no fue lo que se mencionó en la reunión: "todo está bien", "sí, vamos a tiempo", sino que, de hecho, es todo lo contrario. Inmediatamente surge la pregunta de ellos: ¿por qué no dice que hay problemas? ¿Qué pasa, amigo? Esto afecta el proyecto.

Mi respuesta y comentario sobre esta actitud y perfil de nosotros los mexicanos refiere principalmente: a que queremos, en nuestra parte sensitiva, ofrecer tranquilidad y hacer sentir bien a quien pregunta, a pesar de la situación real. Este nivel sensitivo, muestra que no deseamos que el ambiente se vuelva sensitivamente complejo; más bien, buscamos que el ambiente, característico de la esencia del mexicano, sea alegre y cooperativo. Es evidente que, en esta situación, el perfil sensitivo y cognitivo crea una diferencia clara y ambigua respecto al comportamiento de otras culturas que tienen un nivel sensitivo menor pero un nivel cognitivo similar al del mexicano. Lo que origina este hecho.

Una solución apropiada es mostrar esa sensibilidad positiva y alegre con acciones adicionales, cognitivas y precisas, en las cuales la palabra "no" no se incluya en el contexto o situación específica, sino que genere una serie de actividades más orientadas al ámbito cognitivo. Realizar estas acciones proporciona una ventaja mayor sobre el conocimiento y la comprensión de la situación que se está viviendo, ya que el nivel sensitivo entrelazado con el cognitivo conscientemente genera una comprensión y éxito en consistente.

Deficiente nivel cognitivo tecnológico

Se ha señalado que el nivel y grado de voluntad y potencia cognitiva existe en el mexicano, sin embargo, en el ámbito del nivel cognitivo tecnológico, este aún se encuentra en un estado latente. Esto significa que la estructura cognitiva de voluntad y potencia reside en el alma y el espíritu del mexicano, pero en ciertos aspectos no ha alcanzado su pleno desarrollo; incluso en algunos casos, se encuentra en un estado de letargo.

Lo interesante es que, en áreas relacionadas con acciones y actividades ilícitas, el mexicano ocupa el primer lugar a nivel mundial en términos de liderazgo cognitivo y sensitivo. También se destaca en aspectos relacionados con la manipulación y control político y social, donde el proceso cognitivo o, mejor dicho, el proceso sensitivo, es más prominente y manipulador que el cognitivo en la población, y lamentablemente este proceso está muy avanzado.

Pero hay algo mucho más atractivo y enigmático. El mexicano, por su esencia, cree en Jesús, el Hijo del Hombre, y aún más en la Virgen de Guadalupe. Nos manifestamos a través del estado sensitivo y cognitivo en la oración, la verdadera fe y la devoción, desde un punto de vista espiritual interno y sensible, con un matiz de cognición. Este nivel sensitivo nos acerca a la devoción hacia nuestra Madre Santa, y a un estado cognitivo donde el pensamiento consciente se fortalece a través de la presencia física de la Virgen de Guadalupe impresa en la Tilma de Juan Diego. Aquí, la fe, el dogma cognitivo y el amor sensitivo hacia Nuestra Señora de Guadalupe muestran claramente estas dos propiedades de voluntad y potencia, tanto cognitiva como sensitiva, del mexicano, virtudes de Dios. En términos generales, el mexicano quizás sea más sensitivo que cognitivo, pero con el tiempo, se ha demostrado que las expresiones de fe y la tecnología cognitiva están cada vez más presentes en la antropología del mexicano.

Causas de la Deficiencia Cognitiva Tecnológica

En varios capítulos de este libro, se han descrito diversas causas que influyen en el desarrollo cognitivo tecnológico. En el tema del desarrollo cognitivo propio del mexicano, es posible identificar las siguientes causas:

1. Cultura enfocada en los procesos sensitivos y no cognitivos.
2. Falta de estrategias para impulsar el proceso cognitivo tecnológico.
3. Ausencia del proceso cognitivo debido a las barreras erigidas por intereses creados.
4. Estructura social, económica y productiva orientada más hacia los aspectos sensitivos que cognitivos.
5. Políticas gubernamentales ausentes en el desarrollo de los procesos cognitivos tecnológicos.
6. Inversiones limitadas para el desarrollo de procesos cognitivos.
7. Falta de incentivos específicos para el desarrollo de los procesos cognitivos.

8. Infraestructura limitada o ausente para impulsar el desarrollo cognitivo.
9. Falta de capacitación para impulsar el desarrollo cognitivo.
10. Liderazgo sensitivo dominante sin conocimiento tecnológico por causa de ausencia y limite liderazgo tecnológico, corresponsabilidad de todos nosotros los tecnólogos.

Estas causas, junto con otras, impactan directamente en el nivel tecnológico cognitivo del mexicano, afectando el grado de conocimiento tecnológico del país, el cual está por debajo del estándar mundial. Esto resulta en una deficiencia y capacidad precaria para el fortalecimiento productivo, económico y social del país, pero principalmente en la competitividad internacional. Es un potencial presente que aún está dormido en el espíritu y alma del mexicano.

Propuestas para la Deficiencia Cognitiva Tecnológica

Hay varias propuestas para mejorar e implementar el desarrollo cognitivo tecnológico en el país. Estas son:

1. Liderear los temas del desarrollo tecnológico por el sector especializado y profesional tecnólogo
2. Trasladar la responsabilidad del desarrollo cognitivo gubernamental al sector tecnólogo
3. Transferir el liderazgo sensitivo tecnológico a el liderazgo tecnológico cognitivo privado
4. Implementar liderazgo interdisciplinario entre los sectores productivos y académicos para el desarrollo tecnológico cognitivo
5. Implementar incentivos para el desarrollo de las capacidades y habilidades en el tema cognitivo
6. Integrar programas educativos y de capacitación a todos los niveles y sectores del país

7. Apoyo económico a nuevos procesos y desarrollos que fomenten el conocimiento tecnológico cognitivo
8. Desarrollar programas específicos de transferencia tecnológica entre los países del tratado comercial de Norteamérica
9. Incentivar e impulsar al capital humano mexicano con ideas cognitivas novedosas
10. Generar un grupo de especialistas enfocados al desarrollo cognitivo en todas las áreas y así generar nuevos negocios

Estas propuestas y otras tienen como objetivo fortalecer y consolidar el desarrollo cognitivo tecnológico en México, centrándose especialmente en el desarrollo de las voluntades y potencias cognitivas del mexicano mediante diversas estrategias. Estas iniciativas abarcan desde liderar los temas tecnológicos con profesionales especializados hasta trasladar la responsabilidad gubernamental al sector tecnológico. Esto ha generado que el requerimiento del mercado productivo sea gestionado directamente por la iniciativa privada, fomentando así el conocimiento tecnológico necesario para el mercado.

Además, es evidente que no se ha logrado un éxito significativo en la competitividad tecnológica del país. La causa fundamental de esta deficiencia se atribuye a la gestión limitada del sector público. Por lo tanto, se propone transferir el liderazgo sensitivo y cognitivo tecnológico al sector privado. También se sugiere implementar el liderazgo interdisciplinario, incentivar el desarrollo de capacidades cognitivas colaborativas, integrar programas educativos y de capacitación en todos los niveles y sectores, brindar apoyo económico a nuevos procesos que impulsen el desarrollo cognitivo tecnológico, fomentar la transferencia tecnológica internacional, impulsar el capital humano con ideas innovadoras y establecer un grupo de especialistas dedicados al desarrollo cognitivo en todas las áreas, con el propósito de generar nuevas oportunidades de negocio.

Estas propuestas se presentan como soluciones viables para potenciar el conocimiento tecnológico cognitivo y posicionar a México en la vanguardia de la innovación y la competitividad global. Estos y otros puntos clave de mejora son responsabilidad de todos nosotros los responsables del conocimiento tecnológico.

Reflexión: Antropología Cognitiva Tecnológica en México

La Antropología Cognitiva Tecnológica Mexicana se fundamenta en el concepto y estudio realizado por Admexus, erigiéndose como una disciplina integral y reveladora sobre la situación de México y su relación con la "Tecnología y la innovación" junto con la conciencia tecnológica cognitiva. Destaca el aprendizaje y la tecnología en el contexto mexicano mediante la observación detallada y profunda con datos y modelos de aprendizaje de máquina sobre la intersección y correlación entre la cultura, la transferencia del conocimiento y el desarrollo propio cognitivo del mexicano. Este análisis no solo desentraña la complejidad de las prácticas tecnológicas arraigadas en diversas áreas del pensamiento y el conocimiento público y privado, sino que también ilumina la influencia recíproca entre la mente humana, la voluntad y la potencia sensitiva y cognitiva en el desarrollo tecnológico del país. Elemento fundamental del crecimiento de un país.

México, con su rica diversidad cultural y alto potencial de voluntad y potencia cognitiva, presenta un terreno fértil para explorar cómo las creencias, valores y conocimientos moldean la adopción y adaptación de tecnologías internas y externas ante desafíos y procesos de aprendizaje limitados. Desde la ausencia de transferencia de las antiguas civilizaciones prehispánicas hasta las expresiones contemporáneas, muestra el tema clave en el camino hacia una destacada cosmovisión mexicana que se entrelaza con la evolución tecnológica y desarrollo del conocimiento, generando patrones únicos de pensamiento y prácticas específicas para nuestra identidad tecnológica.

Este proceso analítico busca subrayar la relevancia del entendimiento de cómo la sociedad mexicana percibe, desarrolla, incorpora y adapta las innovaciones tecnológicas. También indaga en descubrir todas aquellas barreras que limitan el proceso del desarrollo tecnológico y científico en nuestra sociedad. Algunas de ellas se identifican directamente en los procesos y regulaciones, tanto públicos como privados, y en la desarticulación completa entre ambos sectores también, lo que proporciona divergencia en las fuerzas de trabajo e ímpetu requeridos para generar tecnología.

Identifica claramente los tipos de modelos existentes en la cultura del mexicano para adquirir, desarrollar e implementar el desarrollo tecnológico. Evalúa los grados y las posiciones de competitividad y desempeño de México con otros países. Un ejemplo claro de comparación refiere al modelo de nuestro vecino del norte, el cual es exitoso en el tema tecnológico. Este modelo triunfante integra la responsabilidad educativa del gobierno en los grados de enseñanza básicos y fomenta la integración del sector privado en los últimos niveles de aprendizaje, los cuales son requeridos para el sector productivo. Esta correspondencia marca una coordinación y alineación entre el sector privado y sus requerimientos y el sector educativo de aprendizaje para solventar las necesidades de los sectores productivos y de valor. Además, instaura sistemas más competitivos en donde el sector privado invierte de manera más eficiente en el desarrollo del conocimiento tecnológico, obteniendo incentivos y beneficios en los cuales no solo gana el sector privado sino también el sector público el cual recibe estos bienes económicos también.

En lo que respecta a los centros de desarrollo científico y tecnológico, se estudian las buenas prácticas de modelos internacionales altamente exitosos. Estos modelos destacan por su enfoque interdisciplinario, involucrando tanto al sector público como al sector privado. Este enfoque coordinado permite aprovechar la capacidad de desarrollo, el enfoque de excelencia y la creación de nuevas capacidades del conocimiento. Esto conduce a beneficios tanto en el ámbito del desarrollo y conocimiento tecnológico y educativo del país, como en el incremento de los beneficios económicos y los avances tecnológicos que conducen a la creación de nuevos productos y, consecuentemente, a la generación de nuevos negocios.

Pero uno de los temas más importantes es lo referente a la Voluntad y Potencia Cognitiva Tecnológica la cual se centra en las dos dimensiones esenciales del ser humano: el sistema corpóreo o sensitivo y el intelecto cognitivo. Estos interactúan para formar la expresión total del perfil de la persona y su espíritu. La voluntad, facultad de tomar decisiones, interactúa con la potencia, capacidad de ejecutar decisiones, en una dinámica que da forma a la conducta humana tanto sensitiva como cognitiva.

El análisis de Admexus se enfoca en la voluntad y potencia cognitiva del mexicano, destacando su naturaleza más sensitiva pero también su capacidad cognitiva. A través de ejemplos, se ilustra cómo estas propiedades se manifiestan en situaciones cotidianas y desafíos, revelando la versatilidad del perfil mexicano.

Se aborda el fenómeno del "siempre sí" en la cultura mexicana, donde la sensibilidad y la búsqueda de un ambiente positivo se entrelazan con la capacidad cognitiva sin embargo afecta cognitivamente a otras culturas de trabajo. Se explora la deficiencia cognitiva tecnológica en México y se identifican causas como la falta de enfoque cognitivo y la ausencia de estrategias.

Se proponen soluciones, como liderar el desarrollo tecnológico desde el sector especializado, trasladar responsabilidades al sector tecnólogo, y fomentar liderazgo tecnológico cognitivo privado. Se destaca la necesidad de programas educativos, apoyo económico y transferencia tecnológica internacional para potenciar el conocimiento tecnológico.

Finalmente, uno de los elementos más importantes en el desarrollo económico de un país, sociedad, sector o individuo es su capacidad para el impulso del conocimiento y su nivel de voluntad y fuerza cognitiva tecnológica. Cuanto mayor sea el nivel de desarrollo y conocimiento tecnológico de una sociedad, individuo o sector en una región o en un país, mayor será la potencialidad de desarrollar nuevas formas de tecnologías, nuevos procesos avanzados, mejores productos y, por ende, nuevos negocios, con impacto directo en mejores economías y mayores niveles de bienestar social. Todo esto lo desarrollo y lo logra la tecnología a través del desarrollo cognitivo tecnológico y esto es el desafío de México.

Plan de Desarrollo Cognitivo Tecnológico

Establecer un programa o plan de desarrollo cognitivo tecnológico para México, robusto y sustentable a lo largo del tiempo, requiere llevar a cabo una evaluación de cuatro conceptos importantes. Estos elementos de análisis y evaluación se integran como **f**ortalezas, **o**portunidades, **d**ebilidades y **a**menazas, mejor conocido por sus siglas; Análisis FODA. Al realizar este análisis y obtener los resultados, se podrá establecer las actividades necesarias mediante la implementación de un plan o programa de desarrollo con el propósito de impulsar el conocimiento tecnológico cognitivo en el país.

El plan de desarrollo cognitivo tecnológico para México se concibe como una iniciativa continua y adaptable a los constantes cambios en el panorama tecnológico, ya sean locales o internacionales. A diferencia de los planes convencionales con fechas límite, este plan se diseñó para evolucionar en sintonía con los avances tecnológicos emergentes y las transformaciones en el entorno global.

La flexibilidad o ausencia temporal se sustenta en la premisa de que el progreso tecnológico no sigue un calendario preestablecido, sino que está en constante evolución y movimiento. Por lo tanto, este plan busca mantenerse siempre actualizado, permitiendo la incorporación de nuevas tecnologías, enfoques innovadores y tendencias emergentes que puedan surgir en cualquier momento.

El objetivo fundamental de este plan es elevar el nivel cognitivo tecnológico de México, no solo a estándares internacionales, sino posicionándolo como líder en competitividad a nivel mundial. Al centrarse en el desarrollo de la voluntad y potencia cognitiva tecnológica, pretende asegurar que México no solo siga el ritmo de los avances tecnológicos, sino que también influya en la dirección y el desarrollo de la innovación a nivel global. Este enfoque estratégico busca impulsar la capacidad del país para generar nuevas tecnologías, procesos avanzados, productos mejorados y, en última instancia, nuevos negocios que contribuyan al crecimiento económico y al bienestar social.

Evaluación FODA: Tecnología Cognitiva de México

La evaluación FODA integra las fortalezas, oportunidades, debilidades y las amenazas.

Fortalezas

a) La capacidad intrínseca de la voluntad y la potencia cognitiva.
b) El entendimiento inmediato de nuevos conceptos tecnológicos.
c) La adaptabilidad y flexibilidad a nuevas tecnologías.
d) El rápido aprendizaje de nuevos o actuales conocimientos tecnológicos.
e) El entusiasmo y la fortaleza en nuevos campos del desarrollo e innovación tecnológico.
f) En la interrelación efectiva y afectiva técnicamente con otras culturas.
g) El amor y la pasión al desarrollo tecnológico y su implementación.

Debilidades

a) Expresiones individuales más sensitivas que cognitivas.
b) Desbalance entre los sistemas sensitivos sociales y cognitivos técnicos.
c) Estructuras enfocadas más a la aplicación de sistemas sensitivos sociales que a los cognitivos tecnológicos.
d) Deficiente impulso y desarrollo de los valores y propiedades cognitivos tecnológicos en todos los sectores.
e) Enseñanza limitada en el impulso a los procesos cognitivos tecnológicos. Modelos de Datos e Información de Verdad
f) Falta de coordinación entre los sectores públicos y privados en el desarrollo cognitivo tecnológico.

g) Mayor nivel de reacción sensitiva que cognitiva en momentos críticos o difíciles. Nula colaboración y lucha de egos.

Amenazas

a) Competitividad internacional cada vez más enfocada al desarrollo tecnológico.
b) Inversiones económicamente altas para el proceso de innovación tecnológica en países desarrollados.
c) Incentivos y apoyos gubernamentales en países con estrategias de desarrollo tecnológico avanzado.
d) Impulso a la enseñanza tecnológica desde los primeros grados de educación especialmente en matemáticas.
e) Cultura de colaboración y trabajo en equipo en el desarrollo de tecnología avanzada.
f) Competencia entre los sectores productivos, económicos y sociales a través del impulso del desarrollo tecnológico.
g) Centros de desarrollo e innovación tecnológica cada vez más eficientes y sustentables para nuevas tecnologías.

Oportunidades

a) Fomentar el equilibrio entre los sistemas sensitivos y cognitivos.
b) Impulsar los modelos cognitivos a través de herramientas tecnológicas avanzadas.
c) Desarrollar sistemas educativos que utilicen modelos matemáticos y herramientas de uso especializado.
d) Impulsar la capacitación y el entrenamiento en las voluntades y potencias cognitivas a todos los niveles y en todos los sectores.
e) Aplicar incentivos relacionados con el desarrollo e impulso de nuevas tecnologías.
f) Promover la inversión en programas específicos de desarrollo tecnológico.
g) Fomentar la colaboración en equipo y el éxito grupal mediante el incremento tanto sensitivo como cognitivo del equilibrio.

Uno de los temas que siempre surge es que los planes de desarrollo cambian cada seis años en nuestro país. No existe una continuidad a mediano y largo plazo debido a este elemento sensitivo que aparece como fundamento y elemento destructivo entre los mexicanos. No hay peor mexicano que otro mexicano en contra del mexicano. Esta es una expresión clara de que los elementos sensitivos en la cultura mexicana son más fuertes que los temas cognitivos.

Por ello, es importante establecer continuidad en los proyectos mediante un cambio en las responsabilidades y gestiones de los planes de desarrollo en el país. Este cambio necesario hace referencia a la gestión a mediano y largo plazo y continuo ante los cambios cada vez más rápidos en temas tecnológicos que surgen en el contexto mundial.

Por ejemplo; la ausencia de la inteligencia artificial en los temas educativos en México representa una brecha significativa en el desarrollo tecnológico del país. En la actualidad, la inteligencia artificial es un proceso tecnológico de gran impacto a nivel mundial, con aplicaciones que van desde la automatización de tareas hasta la toma de decisiones complejas basadas en datos. Su integración en el sector educativo es crucial para preparar a las nuevas generaciones con las habilidades necesarias para enfrentar los desafíos del futuro.

El hecho de implementar la inteligencia artificial en la educación no solo implica adoptar nuevas herramientas y tecnologías, sino también transformar la manera en que se enseña y aprende. La inteligencia artificial puede personalizar la educación, adaptándose a las necesidades individuales de cada estudiante y proporcionando un enfoque más dinámico y eficiente. Es más, impulsará a todos los sectores productivos económicos y sociales a tener un mejor bienestar y un desarrollo competitivo a nivel internacional.

Sin embargo, el proceso de implementación se ve obstaculizado por elementos sensitivos en la cultura mexicana, donde las consideraciones políticas a menudo toman prioridad sobre las decisiones basadas en el avance cognitivo y tecnológico. Esta tendencia puede resultar en un retraso significativo en la adopción de la inteligencia artificial en el ámbito educativo, afectando directamente el futuro de los niños mexicanos y de la competitividad y economía del país.

Es esencial reconocer la importancia de superar estas barreras y promover una visión a largo plazo que priorice el desarrollo cognitivo tecnológico en la educación. La implementación inmediata de la inteligencia artificial en el sector educativo, en este ejemplo, puede marcar la diferencia en la preparación del capital humano necesario y suficiente para un mundo cada vez más tecnológico y competitivo. Es preferible enviar capital humano con capacidades cognitivas de alto nivel, que pueda obtener salarios muy buenos, de cientos de miles de dólares, que exportar mano de obra sin especialización, como la de los recolectores de verduras y frutas para los campos de cultivo o trabajadores de la construcción, cuyos salarios son muy bajos.

Para lograr este cambio, se necesita una colaboración estrecha entre los responsables de la toma de decisiones en el ámbito público, educativo y privado. Es fundamental crear estrategias y estructuras colaborativas robustas que fomenten no solamente la integración de la inteligencia artificial en los planes de estudio y proporcionen los recursos necesarios para la formación de docentes y la adopción de nuevas metodologías educativas, sino también para todas aquellas nuevas tecnologías, tanto locales como internacionales, necesarias para desarrollar el conocimiento del país.

Superar los elementos sensitivos y priorizar la innovación en la enseñanza a través de las facultades de voluntad y potencia cognitiva son pasos fundamentales para garantizar un futuro más prometedor para todos los mexicanos.

Pasos para el Plan de Desarrollo Tecnológico

Para establecer un plan de desarrollo tecnológico eficiente y efectivo, se requieren de cuatro pasos elementales: planificar, que es el proceso de planeación; ejecutar o llevar a cabo las actividades planeadas; verificar los avances; y, finalmente, evaluar y actuar cuando no se cumplen con los objetivos.

Para el caso del plan de desarrollo del desarrollo cognitivo tecnológico en México, seguiremos estos cuatro pasos.

Planeación

Una planeación sin un objetivo definido carece de sentido para llevar a cabo el proyecto planificado. Esta planificación debe establecer concretamente, mediante datos e indicadores, el desarrollo tecnológico y cognitivo como prioridad, integrando todos los elementos y recursos necesarios, como capital humano, recursos económicos, herramientas de apoyo, nuevos desarrollos tecnológicos, etc., como parte del proceso en la elaboración de metas y objetivos del proyecto.

Ejecución

Cualquier proyecto que no se ejecute y no se ponga en marcha nunca será exitoso. La ejecución es la esencia y la clave del éxito del proyecto. Acciones continuas e implementación de actividades que generen resultados hacen que el proyecto tenga una ejecución efectiva. Los recursos, ya sea el capital humano, económico y las herramientas de soporte, son necesarios para la realización del proyecto. Fallas o cambios siempre ocurrirán durante la ejecución del proyecto, pero esto es parte del proceso. El liderazgo y la colaboración son fundamentales en la realización del plan. Para el plan de desarrollo, la ejecución no depende únicamente de documentos y legislaciones aprobadas, sino del hecho concreto de implementarlas en la realidad.

Verificar

La fase de verificación en un proyecto es crucial para asegurar que se estén llevando a cabo las actividades según lo planificado. Esta etapa implica una revisión detallada de los avances y logros en comparación con los objetivos establecidos en el plan. La evaluación de cada actividad permite identificar posibles desviaciones y ajustes necesarios para garantizar que el proyecto se mantenga en el rumbo correcto.

Sin una evaluación adecuada, existe el riesgo de que el proyecto se aparte de sus metas y no alcance las expectativas planeadas. La falta de seguimiento puede resultar en la pérdida de recursos, tiempo y esfuerzo invertido en actividades que no contribuyen al éxito general del proyecto. Por lo tanto, la verificación continua es esencial para tomar decisiones informadas, realizar ajustes necesarios y asegurar que cada paso se alinee con la visión y los objetivos del plan de desarrollo.

Actuar

Esta fase implica la implementación de la mejor solución, aprovechando las experiencias del proyecto y realizando mejoras a través del aprendizaje y las lecciones aprendidas. En este contexto, el uso de herramientas tecnológicas como el aprendizaje automático y la inteligencia artificial permite modelar, a través de los datos obtenidos durante el proceso, patrones de mejora y optimización que contribuyen a la ejecución de proyectos de manera más eficiente y en menor tiempo.

Esta interacción exitosa no solo depende de las capacidades tecnológicas y del capital humano, sino también de la participación de especialistas dedicados a la inteligencia artificial. Cada modelo de desarrollo, en especialmente en el plan de desarrollo tecnológico, se vuelve más eficiente y efectivo, manteniéndose continuo a lo largo del tiempo sin la necesidad de cambio dramáticos y sensitivos. Por lo cual, la implementación de herramientas tecnológicas de inteligencia artificial trae consigo beneficios significativos, evitando la duplicidad de esfuerzos y los cambios constantes en objetivos, procesos y actividades que podrían ralentizar el progreso de los proyectos. Este paso es fundamental para garantizar la sustentabilidad y el éxito continuo de los proyectos a lo largo del tiempo.

Matriz de Responsabilidades en el Plan de Desarrollo

Una condicionante clave en el éxito de un plan de desarrollo es la identificación de responsabilidades a través de una matriz que corresponda a los participantes y su capacidad de ejecución sobre el proyecto. Para el caso del desarrollo del plan, las actividades y responsabilidades son las siguientes:

a) Sector privado: responsable de alinear los requerimientos del sector productivo de acuerdo a las necesidades.
b) Sector público: responsable de contribuir a la democratización de los objetivos.
c) Sector educativo: responsable de establecer las capacidades necesarias.
d) Sector de inversiones: responsable de apoyar económicamente para obtener beneficios en todos los sectores.

e) Sector de especialistas: responsables de integrar los modelos cognitivos para la ejecución del proyecto de forma óptima.

f) Sector gubernamental: responsable de fomentar iniciativas e incentivos a todos los niveles.

Reflexión sobre el Plan de Desarrollo Cognitivo

El desarrollo cognitivo tecnológico requiere un enfoque integral y continuo. Un programa para México debe basarse en una evaluación de fortalezas, oportunidades, debilidades y amenazas. Este plan debe ser continuo y adaptarse a los cambios tecnológicos, buscando posicionar el nivel cognitivo tecnológico de México a nivel mundial. Las fortalezas cognitivas tecnológicas incluyen adaptabilidad, aprendizaje rápido y colaboración efectiva. Sin embargo, existen desafíos, como la falta de coordinación entre sectores y la prevalencia de reacciones más sensitivas que sobre las cognitivas en momentos críticos. Superar estos desafíos es crucial para impulsar la competitividad y el desarrollo tecnológico en México.

Síntesis

El desarrollo tecnológico y cognitivo en México se encuentra actualmente por debajo del promedio mundial, planteando desafíos significativos para el crecimiento y el bienestar social del país. La importancia de impulsar el conocimiento, la voluntad y la potencia cognitiva a nivel global se vuelve crucial para asegurar un futuro prometedor.

A nivel individual, se reconoce el valor elevado de la voluntad y potencia cognitiva del mexicano, aunque lamentablemente esta capacidad a menudo se subestima. La responsabilidad de cambiar este enfoque recae especialmente en el gremio del conocimiento tecnológico, con énfasis en la responsabilidad de los ingenieros, quienes deben liderar el camino hacia el desarrollo tecnológico y cognitivo del país y no mediante sistemas sensitivos.

El análisis histórico pone de manifiesto que México ha experimentado transformaciones significativas impulsadas por la tecnología, sin embargo, persisten desafíos importantes como brechas en el desarrollo tecnológico y limitaciones en el acceso a la educación tecnológica. Es imperativo superar estos desafíos para garantizar que la tecnología siga siendo un motor de desarrollo sostenible en el país.

La Antropología Cognitiva Tecnológica Mexicana desarrollada por Admexus se adentra en cómo la sociedad mexicana percibe, desarrolla y se adapta a las innovaciones tecnológicas, identificando barreras y proponiendo soluciones. El enfoque principal se centra en la voluntad y potencia cognitiva del mexicano, destacando tanto su naturaleza sensitiva como su capacidad cognitiva. Ejemplos claros son el famoso fenómeno del "siempre sí" en la cultura mexicana, explorando también deficiencias cognitivas tecnológicas y proponiendo soluciones que incluyen liderar el desarrollo tecnológico desde sectores especializados y fomentar el liderazgo tecnológico privado.

El desarrollo cognitivo tecnológico se presenta como una pieza fundamental para el crecimiento económico y el bienestar social en México. Se requiere un enfoque holístico, evaluaciones continuas y una colaboración efectiva entre los diferentes sectores para superar desafíos y posicionar a México en la vanguardia tecnológica a nivel mundial, responsabilidad del sector tecnológico del país.

.